ESTA PRIMERA BIBLIA
PERTENECE A

_____

Un regalo de

_____

_____

Fecha _____

*"Dejen que los niños vengan a mí, por-
que de ellos es el Reino de los Cielos."*

JESÚS

Mi primera Biblia

Editorial LUMEN
Viamonte 1674 (1055) Buenos Aires
Tel.: 4373-1414 (líneas rotativas)
Fax: (54-11) 4375-0453
E-mail: editorial@lumen.com.ar
República Argentina

Textos: *María Eugenia Schindler*
Armado: *Mari Suárez*

Con las debidas licencias.

ISBN

© 1999 by LUMEN
Hecho el depósito que previene la ley 11.723

LIBRO DE EDICIÓN ARGENTINA
PRINTED IN ARGENTINA

Querido lector:

La Biblia no es un libro cualquiera. Es la *Palabra de Dios*. En la Biblia están escritas todas las enseñanzas que Dios quiso darnos.

Toda la Biblia tiene un mensaje maravilloso. El mensaje de que Dios es nuestro Padre y ama con amor infinito a cada uno de sus hijos.

Cuando leemos la Biblia y pensamos en Dios, nuestro corazón se agranda y se llena de amor. Y le decimos a Dios:

¡Gracias, Dios, porque eres nuestro Padre y nos cuidas! ¡Gracias porque, en la Biblia, nos enseñas a amarte y a amar a todas las personas!

Contenido

EL ANTIGUO TESTAMENTO

La Biblia es una gran colección de libros reunidos en uno solo.

Tiene dos partes: el Antiguo Testamento y el Nuevo Testamento.

El Antiguo Testamento incluye todos los libros que se escribieron antes de que naciera Jesús. Comienza con los relatos de la creación del mundo y sigue con la historia del pueblo de Israel, el pueblo elegido por Dios para que allí naciera el Salvador del mundo: Jesús.

Las historias del Antiguo Testamento son apasionantes. Nos hablan del amor eterno de Dios, que siempre perdona a los hombres aunque le sean infieles, y de cómo Dios fue, de a poco, mostrando a los hombres el camino de la verdadera felicidad.

Dios crea todas las cosas

El amor de Dios es tan grande que, en el principio de los tiempos, quiso compartirlo.

Entonces creó de la nada el universo. Hizo las estrellas brillantes, los planetas, la noche y el día. Creó el agua y la pobló de peces. Sobre la tierra quiso que crecieran árboles y flores, y que miles de especies animales la alegraran.

El mundo estaba lleno de belleza, porque Dios todo lo hace bien.

¿Cuáles son las cosas que Dios creó que más te gustan? ¡Da gracias a Dios por ellas!

Dios crea a las personas

Después, Dios hizo su obra más excelente: creó al hombre y a la mujer. Los hizo semejantes a Dios, pues les dio inteligencia para pensar, un corazón para amar y, además, la libertad de elegir.

Dios llamó al primer hombre, Adán, y a la primera mujer, Eva. Ellos eran muy felices en compañía de Dios, y Dios les encargó que cuidaran de todas las creaturas.

¿Sabes por qué el hombre es la creación más especial de Dios?

Los hombres no obedecieron a Dios

Dios había dado a los hombres la libertad para que eligieran si querían amar a Dios y seguir sus mandatos para ser felices. Adán y Eva, tentados por el demonio, quisieron hacer lo contrario de lo que Dios les decía. Eso fue el pecado original.

Cuando Adán y Eva pecaron, fueron infelices. Empezó a haber sufrimientos y muertes porque estaban lejos de Dios. Pero Dios, que es bueno y siempre perdona, les prometió un Salvador.

Cuando no hacemos lo que Dios nos pide, ¿somos felices o infelices?

El arca de Noé

Como los hombres seguían desobedeciendo la Ley de Dios, Dios decidió enviar sobre la Tierra un gran diluvio. Pero quiso que Noé y su familia, que eran buenos, se salvaran de la inundación, y les dijo que construyeran un barco grande o "arca".

También Dios se preocupó de salvar a los animales. Todos juntos se metieron en el arca a esperar que pasara el diluvio. Cuando paró la lluvia, volvieron a la tierra y Dios hizo salir el arco iris como signo de que Él los estaba protegiendo.

¿Dónde está Noé, en el dibujo?

La fe de Abraham

Dios prometió a Abraham que iba a ser el padre de una gran familia, y que de sus descendientes nacería el Salvador. Abraham y Sara tenían un solo hijo: Isaac.

Un día, Dios le dijo a Abraham que ofreciera a su hijo en sacrificio. Esto significaba matar a Isaac. Abraham no entendía cómo se cumpliría la promesa de Dios si moría Isaac, pero tuvo fe en lo que Dios le decía. Cuando estaba por sacrificar a su hijo, Dios lo detuvo y lo bendijo por haber tenido tanta fe.

¿Qué es tener fe?

El nacimiento de Moisés

Las personas de Israel, el pueblo elegido por Dios, estaban prisioneras en el país de Egipto, y Dios quiso liberarlas.

Cuando Moisés nació, los egipcios habían decidido matar a todos los bebés israelitas que nacieran. Pero Dios salvó a Moisés inspirando a su madre para que lo metiera en una cesta y lo arrojara al río. La cesta flotaba en la orilla cuando la vio la hija del faraón. Ella tomó al niñito, lo cuidó y lo educó como si fuera un príncipe. Así Dios protegió a Moisés.

¿Por qué los egipcios no mataron a Moisés?

El Pueblo escapa de Egipto

Dios habló a Moisés y le dijo que sacara a los israelitas de Egipto, donde estaban esclavizados.

Los egipcios no querían que los israelitas escaparan. Dios hizo que las aguas del Mar Rojo se corrieran para que su pueblo pudiera pasar. Gracias a la protección de Dios, salieron de Egipto y, cruzando el desierto, llegaron a Canaán, la tierra que Dios les había prometido.

¿Cómo escaparon los israelitas de Egipto?

Los diez mandamientos

Mientras estaban en el desierto, Dios llamó a Moisés y le dio diez leyes escritas sobre piedra. Eran los diez mandamientos, que las personas deben cumplir si quieren ser felices y agradar a Dios.

El pueblo prometió cumplir estos mandamientos. Fue una alianza, un pacto entre Dios y los hombres.

El primero de los mandamientos es *"Amar a Dios más que a todas las cosas."*

¿Cuántos son los mandamientos?

David y el Gigante

Los israelitas tenían un enemigo, un guerrero llamado Goliat, que era muy grande y fuerte, parecía un gigante.

David, un pequeño pastor que confiaba en Dios, se ofreció a luchar contra Goliat y pelearon. Goliat estaba muy bien armado, mientras que David sólo tenía una honda y cinco piedras. Pero Dios ayudó a David, y venció al gigante. Más adelante, David se convirtió en rey de su pueblo.

¿Qué fue más importante para ganar la batalla: tener muchas armas o tener confianza en Dios?

La sabiduría de Salomón

Salomón fue un rey muy sabio. Un día fueron dos madres a pedirle que hiciera justicia. Cada madre tenía un bebé. Una noche, uno de los bebés murió; y cada madre decía que el bebé vivo era el suyo.

Entonces Salomón dijo fuerte: "¡Que partan al niño en dos mitades y den medio niño a cada madre!"

Una de las mujeres no protestó, pero la otra dijo: "Prefiero que esa mujer se quede con el niño, pero que no lo maten."

Salomón supo así que la verdadera madre era la que amaba tanto al niño que no quería que lo mataran.

En el dibujo, ¿cuál será la madre verdadera?

Los profetas anuncian al Salvador

Los profetas eran hombres muy santos. Dios les encargaba que anunciaran al pueblo de Israel que el Mesías Salvador estaba por llegar. Que debían amar a Dios con el corazón y ayudarse entre todos.

Uno de los profetas, Elías, pidió a Dios que enviara fuego del cielo sobre una ofrenda, para demostrar al pueblo que Él era el verdadero Dios. Dios mandó el fuego y, así, todo el pueblo adoró a Dios.

¿Sabes quién es el Salvador que los profetas anunciaban?

EL NUEVO TESTAMENTO

El Nuevo Testamento narra lo que Jesús hizo y dijo cuando vino al mundo. Lo escribieron personas iluminadas por Dios, que conocieron a Jesús o a sus amigos: Mateo, Marcos, Lucas y Juan. Además, hay unas cartas de los primeros santos seguidores de Jesús.

El Nuevo Testamento es muy bonito de leer. Nos enseña muchas cosas sobre Jesús y sobre cómo tenemos que vivir. Como es *Palabra de Dios*, cada vez que lo leemos, Jesús nos habla al corazón y nos dice que nos ama tanto que dio su vida en una cruz por nosotros.

¡Gracias, Jesús, por dejarnos tu Palabra en el Nuevo Testamento! ¡Tus palabras llenan nuestros corazones de alegría y nos ayudan a amarnos entre nosotros!

El SÍ de la Virgen María

Un ángel enviado por Dios se apareció a una joven muy buena llamada María y le dijo: "¡Alégrate, porque vas a tener un hijo! Él será Hijo de Dios, y se llamará Jesús!" María se sorprendió mucho porque ella no vivía con ningún hombre, pero dijo al ángel: "Yo soy la servidora del Señor. Que se cumpla lo que has dicho."

Cuando María aceptó, el Hijo de Dios, Jesús, vino al mundo para mostrarnos a los hombres el amor que Dios nos tiene.

¿Conoces alguna oración a nuestra Madre y Madre de Jesús, María? Si sabes, rézale con mucho amor.

El nacimiento de Jesús

Cuando María y José estaban en Belén a causa de un censo ordenado por el rey, a María le llegó el momento de tener a Jesús.

San José buscó por todas partes una linda casa donde pudiera ir con María y que allí naciera el niño, pero en ningún lugar pudieron recibirlos. Entonces fueron a una cueva donde viven los animales. José la arregló lo mejor que pudo y allí nació el Niño Dios.

El pesebre era muy humilde, pero a Jesús lo que le importaba era el amor que había en los corazones de María y José.

¿Cuándo se celebra el nacimiento de
Jesús?

Los Reyes Magos que venían de lejos

Los Reyes Magos eran unos señores muy sabios que vivían en Oriente. Una estrella les anunció que había nacido el rey más poderoso del mundo.

Los Reyes siguieron la estrella y llegaron a la cueva de Belén. Con gran sorpresa vieron allí a María, José y un niño recién nacido. Los Reyes se llenaron de alegría y adoraron a Jesús, pues reconocieron a un gran rey: ¡el Rey del Cielo había nacido entre los hombres!

Los Reyes le ofrecieron regalos al Niño Jesús. ¿Quisieras regalarle todo tu corazón?

La huida a Egipto

El Rey Herodes se había enterado de que había nacido un poderoso rey, y lo buscaba para matarlo. No quería que ningún otro rey le sacase su lugar.

Un ángel le avisó en sueños a José que debían escapar, pues Herodes intentaría matar a Jesús. José no entendió esto, pero tuvo confianza en el ángel y, en medio de la noche, tomó al niño y a María y huyeron a Egipto. Así Jesús se salvó de la maldad de Herodes.

¿Sabes cuál era la profesión de san José?

Jesús se pierde en el Templo

Jesús crecía en el hogar de Nazaret. María le enseñaba a alabar a Dios.

Cuando Jesús tuvo doce años, subió al Templo de Jerusalén junto con sus padres. Era un camino largo y había muchísima gente. En un momento, Jesús desapareció. María y José se preocuparon mucho y lo buscaron por todas partes.

Al final, encontraron a Jesús rodeado de gente grande y sabia. Jesús estaba entre un grupo de hombres y les enseñaba sobre Dios. María y José se sorprendieron mucho, pero Jesús les dijo: "¿No sabían que primero debo ocuparme de las cosas de mi Padre?"

¿Cómo imaginas que sería la vida en la casa de María, José y Jesús?

Las Bodas de Caná

Cuando Jesús ya era adulto, un día fue a la fiesta de bodas de un amigo. En la fiesta se acabó el vino. María, la madre de Jesús, siempre atenta a las necesidades de todos, le dijo a su hijo: "Mira, no tienen vino."

Jesús dijo entonces a los sirvientes que llenaran doce tinajas con agua, y transformó esa agua en vino de excelente calidad.

Éste fue el primer milagro que hizo Jesús.

¿Cómo se ve en este milagro que la Virgen María siempre está atenta a lo que necesitamos?

El bautismo de Jesús

San Juan Bautista, inspirado por Dios, anunciaba a la gente que se prepararan porque estaba por llegar el Salvador. Las personas se arrepentían de su mala vida y Juan las bautizaba en el río Jordán.

Aunque Jesús era Dios, también quiso hacerse bautizar. En el momento en que salía del agua, el Espíritu de Dios bajó sobre Él en forma de paloma y se oyó una voz del cielo que decía: "Éste es mi Hijo amado."

¿Quién bautizó a Jesús?

Jesús llama a sus discípulos

Antes de empezar a predicar, Jesús eligió un grupo de doce amigos íntimos: los apóstoles o discípulos.

Eran personas sin mucha educación, pero tuvieron la fe y el valor para dejarlo todo y seguir a Jesús.

A Pedro y Andrés, dos hermanos pescadores, les dijo: "Vengan conmigo." Ellos dejaron las redes de pesca y siguieron a Jesús. Ya nunca más se separaron de Él.

Jesús invita a todos los hombres a seguir su camino. Para ser felices de verdad, necesitamos vivir cerca de Jesús.

¿Cómo eran los apóstoles de Jesús?

La multiplicación de los panes

Muchísima gente seguía a Jesús, pues Él enseñaba y curaba a los enfermos. Un día se hizo muy tarde, y los apóstoles dijeron a Jesús que despidiera a la gente porque nadie había comido. Jesús les contestó: "Denles ustedes mismos de comer." Los apóstoles dijeron que sólo tenían cinco panes y dos pescados, y no podían alimentar a esa multitud.

Jesús dijo entonces a todos que se sentaran sobre la hierba (eran unos cinco mil hombres), bendijo los panes y los repartió. Todos comieron hasta saciarse y aun sobró. La gente estaba entusiasmada con el milagro y cada vez eran más los que seguían a Jesús.

¿Qué dio de comer Jesús a la gente?

Jesús revive a su amigo

Lázaro, el amigo de Jesús, estaba muy enfermo. Cuando Jesús llegó a visitarlo, él ya había muerto hacía cuatro días. Jesús lloró, pero dijo: "Lázaro duerme." Después pidió que lo llevaran hasta el sepulcro y rezó a su Padre Dios. Luego dijo: "Lázaro, sal fuera." Y Lázaro, vivo, salió del sepulcro.

Jesús hizo muchos otros milagros: curaba a los ciegos, a los paralíticos y a los leprosos. Por eso la gente lo seguía admirada y creía que Él era el Hijo de Dios, el Mesías esperado.

¿Qué milagros hacía Jesús?

Jesús nos enseña a amar

Cuando Jesús hablaba de Dios, la gente lo escuchaba con gran atención. Jesús dijo muchas cosas, pero su mensaje más importante, el que más repetía, era éste:

"Éste es mi mandamiento: que se amen los unos a los otros como yo los amo a ustedes."

¿Cuál es la gran enseñanza de Jesús?

Jesús nos enseña a rezar

A menudo, Jesús se alejaba para rezar en soledad a su Padre del Cielo. Viendo esto, sus discípulos le pidieron: "Maestro, enséñanos a rezar."

Jesús dijo entonces: "Cuando recen, digan:

Padre nuestro que estás en el Cielo, santificado sea tu Nombre.
Que venga tu Reino.
Hágase tu voluntad en la Tierra como en el Cielo.
Danos hoy nuestro pan de cada día.
Perdona nuestras ofensas, como también nosotros perdonamos a los que nos ofenden.
No nos dejes caer en la tentación y líbranos del mal."

Reza el Padrenuestro pensando en lo que dices.

La parábola del hijo pródigo

Jesús contó esta historia: Un hijo dijo a su padre, "Padre, dame mi parte de la herencia. Me voy de casa."

El hijo se fue y derrochó todo su dinero. Cuando ya no le quedaba nada, empezó a sufrir hambre. Entonces se arrepintió y pensó: "En la casa de mi padre, los sirvientes tienen pan. Yo no tengo qué comer. Volveré y le pediré a mi padre que me acepte como sirviente suyo."

Cuando llegó a su casa, dijo a su padre: "Recíbeme como a tu sirviente." Pero el padre lo abrazó lleno de amor y, perdonándolo de todo corazón, organizó una fiesta para celebrar el regreso de su hijo.

Con el mismo amor nos perdona siempre nuestro Padre Dios cuando nos arrepentimos.

La parábola del sembrador

Jesús contó también esta parábola: Un sembrador salió a sembrar. Unas semillas cayeron en el camino y se las comieron los pájaros. Otras cayeron entre piedras y no germinaron. Otras semillas cayeron entre espinas y crecieron pero muy débiles. En cambio, unas semillas cayeron en tierra buena y dieron mucho fruto.

Así —explicaba Jesús—, la Palabra de Dios se siembra en nuestro corazón. Si la recibimos con amor, crece mucho, pero si no le prestamos atención, no germina.

¿Dónde puedes leer la Palabra de Dios?

El buen samaritano

Jesús puso este ejemplo: Un hombre fue asaltado por los ladrones. Lo dejaron herido y tirado en el camino.

Al rato llegó un sacerdote, pero siguió de largo sin atender al herido. Después pasó otro hombre, pero tampoco lo ayudó. Más tarde vino un samaritano (un hombre de la región de Samaría) y sintió pena de él. Vendó sus heridas y lo llevó hasta una posada para que se curase.

Jesús preguntó: "¿Cuál de las tres personas fue prójimo del herido?"

"El samaritano", le contestaron.

"Hagan ustedes lo mismo", dijo Jesús.

¿Cómo puedes ser como el samaritano?

Jesús echa del Templo a los comerciantes

En el Templo de Jerusalén había comerciantes que no iban a rezar sino a vender sus mercaderías. Jesús, enojado, tiró al suelo sus mesas y los echó del Templo diciéndoles: "La Casa de Dios es para rezar."

Así Jesús nos enseñaba a ser respetuosos en la Casa de Dios, la iglesia.

¿Para qué vamos a la iglesia?

Jesús entra en Jerusalén

Jesús y sus discípulos fueron a Jerusalén a celebrar la Pascua. Jesús entró en la ciudad montado en un humilde burro. La gente lo aplaudía y gritaba: "¡Viva el Hijo de David!"

La gente creía que Jesús era el Salvador prometido y lo seguía. En cambio los Doctores de la Ley pensaban que Jesús estaba contra su religión, y lo buscaban para apresarlo.

¿Cómo se ve la humildad de Jesús?

Jesús se queda en la Eucaristía

La última vez que Jesús cenó con sus amigos, tomó el pan, lo bendijo, y se lo dio diciendo: "Coman todos de él, porque esto es mi cuerpo." Después tomó la copa de vino y dijo: "Ésta es mi sangre, que será entregada para que el mundo viva. Hagan siempre esto mismo."

A partir de entonces, Jesús está siempre presente en la Eucaristía, el pan que el sacerdote consagra en nombre de Jesús y que los cristianos comulgamos en la Misa.

¿Quién está verdaderamente presente en la Comunión?

Jesús en el Huerto de los Olivos

La noche antes de que a Jesús lo tomaran preso para matarlo, Jesús se fue al Huerto de los Olivos para rezar.

Como sabía lo que debía sufrir, Jesús se sintió muy triste y pidió a sus amigos que rezaran por Él. Después habló así a su Padre: "Padre, si puede ser, haz que me libre del sufrimiento que me espera. Pero que no se haga lo que yo quiero sino lo que Tú quieres."

¿Por qué rezaba Jesús?

Jesús prisionero

Judas, un discípulo de Jesús, lo traicionó y, a cambio de treinta monedas, aceptó indicar a los soldados cuál era Jesús. Les dijo: "Aquel al que yo dé un beso, ése es."

Luego fue hasta donde estaba Jesús y lo saludó con un beso. Los soldados enseguida se acercaron para llevárselo. Jesús se dejó apresar.

¿Cómo tomaron prisionero a Jesús?

Pedro niega a Jesús

Pedro, un amigo de Jesús, fue siguiendo de lejos a los soldados que se lo llevaban. En un momento, lo vieron y le preguntaron: "¿Tú no eres de los que andan con Jesús de Nazaret?"

Pedro tuvo mucho miedo y respondió: "¿Por qué me preguntan? No sé quién es ese tal Jesús."

Enseguida cantó un gallo. Pedro se arrepintió de haber dicho que no conocía a Jesús y lloró con gran tristeza.

¿De qué se arrepintió Pedro? ¿Lo habrá perdonado Jesús? Si no estás seguro, relee la página 63.

Maltratan a Jesús

Los soldados golpeaban a Jesús con látigos, lo abofeteaban y se burlaban de Él diciéndole: "¡Salve, Rey de los judíos!" En su cabeza clavaron una corona hecha con espinas

Jesús sufría todo en silencio y sin quejarse. Tampoco respondía a los insultos. Pero cuando le preguntaron: "¿Eres Tú el Rey de los judíos?" respondió con firmeza: "Sí, lo soy."

¿Sabemos sufrir sin protestar?

Jesús acusado ante Pilato

Los jefes del pueblo acusaron a Jesús ante Pilato, el gobernador, de revolucionar el pueblo. Le pidieron que lo mandara crucificar.

Insistieron tanto gritando: "¡Crucifícalo!", que Pilato entregó a Jesús para que fuera azotado y crucificado.

Jesús tuvo que cargar sobre sus hombros una pesada cruz de madera hasta el Calvario, donde lo iban a crucificar.

¿Dónde crucificaron a Jesús?

La muerte de Jesús

Cuando llegaron al monte Calvario, clavaron a Jesús en la cruz. A los pies de la cruz estaban María (su madre) y el discípulo Juan. Jesús dijo a Juan: "Ahí tienes a tu madre." Luego dijo a María: "Ahí tienes a tu hijo." Desde entonces, Juan recibió a María en su casa y María es la Madre celestial de todos los cristianos.

Jesús exclamó: "¡Padre, en tus manos encomiendo mi espíritu!" E inclinando la cabeza, murió.

¿Hay alguna cruz en tu casa? Mírala y piensa en el amor de Jesús que dio su vida por nosotros.

Sepultura de Jesús

Hacia las tres de la tarde murió Jesús. Los soldados atravesaron su costado con una lanza. Un hombre llamado José de Arimatea pidió permiso para desclavar el cuerpo y llevó a Jesús hasta un sepulcro. Allí perfumaron el cuerpo, lo dejaron y taparon la puerta con una gran roca.

Los judíos hicieron poner unos soldados de guardia para vigilar el sepulcro.

¿Qué pasó con el cuerpo de Jesús cuando murió?

¡Jesús resucita!

Al amanecer del domingo fueron unas mujeres al sepulcro de Jesús. Al entrar, encontraron que el cuerpo había desaparecido. De pronto se les aparecieron unos ángeles que les dijeron: "Jesús no está aquí. ¡Ha resucitado!"

Ellas se llenaron de alegría y corrieron a dar la noticia a los discípulos: ¡Jesús venció a la muerte y está vivo!

¿Qué día de la semana resucitó Jesús?

Jesús se aparece a los apóstoles

Después de la muerte de Jesús, los apóstoles estaban reunidos y llenos de miedo. De repente, apareció Jesús en medio de ellos y los saludó diciendo: "¡La paz esté con ustedes!", y les mostró sus manos y su costado herido para que se convencieran de que era Él.

Otro día, mientras estaban los discípulos pescando en el lago, se les apareció Jesús caminando sobre las aguas. Pedro, al reconocerlo, se arrojó al agua y fue hasta donde estaba el Señor.

¿Qué dijo Jesús cuando se apareció
por primera vez a sus amigos?

Jesús sube al Cielo

Jesús se apareció a los apóstoles durante cuarenta días después de resucitar. La última vez, les prometió que les enviaría al Espíritu Santo. Él les daría fuerza para salir a anunciar a todos los hombres la Buena Noticia de que los hombres fueron redimidos por Dios.

Después, Jesús comenzó a levantarse hacia el cielo delante de todos, hasta que una nube lo cubrió.

Tal como Jesús había prometido, el Espíritu Santo bajó sobre los apóstoles y se formó la Iglesia. El Espíritu Santo nos sigue iluminando y acompañando cada día de nuestra vida.

¿Qué prometió Jesús antes de subir
al cielo?

93

Jesús subió al Cielo. Pero sigue muy cerca de nosotros. Lo puedes encontrar en tu propio corazón cuando rezas. También Dios está presente en las demás personas y, de un modo muy especial, en la Comunión, cuando vamos a Misa. Aunque no lo veamos, Dios siempre nos está cuidando y abrazando con inmenso amor. ¡Por eso podemos vivir felices!

Jesús hizo y dijo muchas cosas más que no figuran en la Biblia. Pero todo lo que es importante para que seamos felices y podamos llegar al Cielo está escrito en la Palabra de Dios. Si lees a menudo la Biblia, podrás conocer y amar cada vez más a Jesús.

Que nuestra Madre María, que conoció y amó más que nadie a Jesús, nos ayude a tener siempre nuestro corazón cerca de Dios.

Se terminó de imprimir en el mes de mayo de 2010
en el Establecimiento Gráfico LIBRIS S. R. L.
MENDOZA 1523 • (B1824FJI) LANÚS OESTE
BUENOS AIRES • REPÚBLICA ARGENTINA